Traje de Aire

Colección Lengua de agua · 12

Traje de Aire

Samuel Bossini

 eolas
ediciones

Sólo me he acostumbrado a observar los pensamientos escribiendo. Esta forma extraña en verso que ven aquí me resulta de gran ayuda.

Wim Wenders

No te atreves a quedarte ni a marcharte. Uno ve la vida con claridad una sola vez. Los muros que has construido a tu alrededor se derrumban. Te quedas desnudo y helado. Te ves a ti mismo por primera vez. No te atreves ni a vivir ni a morir.

Bergman

Los poemas de *Traje de Aire* nacen entre lo frágil y lo voraz. Buscan despojar lo que queda cuando caen los sueños y permanece un *Traje de Aire* que aún conserva la memoria del cuerpo que lo habitó.

La poesía no busca respuestas ni consuelos. En este libro se encontrarán imágenes fragmentarias que interrogan al cuerpo, al amor, a la muerte y al sentido de la palabra ante el desconsuelo de la modernidad.

Traje de Aire es memoria de aquello que nunca termina de morir. Porque un *Traje* deja una huella. Y esa huella insiste.

I. Antes del vuelo la materia se agita

Da la piedra en el vidrio -
Nos despierta -
Nos hipnotiza -
Cada época se ahoga en sus cenizas -
En cada Amor -
Se ahoga Narciso en su reflejo -
Se ahoga la cama vacía -
El amor vacío -

Los ancianos se lavan los rostros con hongos secos -
El perro abandona el cuarto -
Su baba cubre el suelo -
Como una imagen de la vida atada a su muerte -

En las noches puedo oír el golpe de mi cabeza… - dar contra el Agua -

El gesto puede ser el dibujo de un abismo - La desnudez de un ave - Un traje lleno de Aire atado a una lata - Mensajes de sombras dentro de una sombra - Lluvia que moja y marca -

Con tus labios abraza, tercamente, la lluvia -

Hasta que el olvido diga un nombre -

Cuánta necesidad de caricia - Cuánto beso torpe en mitad del sueño - ¿De quién? - Tal vez el pájaro haga caer su presa sobre el hielo - Y nos despierte -

Caminaremos de espaldas para ver al cielo beber insectos - Al fuego descansar, cansado, sobre hojas -

Ojo cerrado - Río corriendo entre cabellos - Como esa mano de goma que se abre simulando espejos -

En Añatuya cada gallina amontona su tierra - El día da
la espalda al día con su cuello de serpiente abrazada a los
yuyos -

El niño babea la virgen del mercado -
El Ángel viaja en círculo de un cuerpo a otro -
El humo esparce sal en la Piel -

¿Cómo mirar el abandono con toda la arrogancia de una
espalda? -
Por eso amemos recostarnos sobre el asfalto con el mismo
olor del fuego -

En el Hueco la Rosa muestra sus pechos -
Toma forma de pájaro -
Con lentitud el Agua borra sus huellas -
Y las nuestras -

Trepo un palo enjabonado -
El polen de las nubes me cegará -
La Carne perderá perfume -
Se convertirá en escamas -
La fuente derramará resina -
Beberemos el sudor de las fiestas -
Con los codos o la lengua seca -

Ver la muerte -
Ver tu muerte -
Como dedo que se hunde dentro de una manzana -
Es de barro el zapato que nos calzamos para comenzar el
día -

Nubes con forma de Agua corren hasta deshacerse - Mi cuello se agrieta ante el espejo - Resto de almas bajo la mesa - Corazón apretado dentro de mi camisa - Se dilata mi estómago - Toma forma de rueda - Cierro los ojos - Finjo que el amanecer nunca sucedió -

Ese es el mejor secreto de los abandonados -

Huelo a barro - Tanto como puede oler el pelo del perro
- Una tormenta - Boca hundida en sal como aquello que
se disuelve -

La Luz juega entre yuyos - La música busca el soplo trans-
parente - Mi cuerpo recostado en un jardín imaginario,
con las líneas de las manos borradas -

Respiro como cuando corro bajo el Agua -

Cuando nombro, puedo oler - Me asalta un vacío - Un gesto - Veo volar huesos de árbol a árbol - Es posible ver pájaros perder sus plumas - Queda atado a un palo su trino - Me diluyo -

Cuerpo extraño -
Luz de piedra enterrada -
Desgarrada pared -
Salvación pegada a mis uñas en pequeñas gotas frías -

Una casa minúscula - Un suelo podrido - Mi infancia recostada - olvidada al sol -

La necesidad inventó el milagro - El milagro creó al Crucificado -

Yo arrastro mis muertos hasta una zanja - Me recuesto sobre ellos -

Cada día, la belleza, oculta la fetidez de nuestras muertes -

Parecer - ¿a qué? - ¿Jugar al mago entre las hojas? - ¿Es posible llenar de Aire la cabeza de un niño? - ¿Es posible caminar sobre el fango? - El musgo se pega a mi lengua - Poco a poco hace su aparición la cabeza de la mariposa - El Corazón salta para hacerse pez - Pero lo incierto se pega siempre al cuerpo -

Mejor es ir lejos -
Hasta perder la temperatura de tu cuerpo -

Mi Hermana María *- se desliza en mi jardín* - Es fácil verla -
Lleva una vela de camelias sobre su cabeza - Su andar cons-
truye huellas de miel -
A palazos le bajo sonidos de las ramas -
Y se asusta -

Unas hojas se ahogan entre dos piedras -
Una mueca abre el día - El caníbal cae con su Amor sobre
la Rosa - Paso mis dientes de sangre sobre los pétalos - La
mirada salta de techo en techo -

El Ángel continúa recostado a los pies de mis llagas -

II. La Carne insiste y todo quiere decir

El lobo sobrevive pasando su lengua sobre la cabeza del muerto - Es posible vernos moliendo nuestros propios huesos -
Quemando al pez -

Solo un chasquido - Susurros - Nudillos heridos - Arrastrarme me ayuda a raspar la Palabra - Dejo al secreto gritando dentro de su jaula - Me abanico recostado con la mirada puesta en una barca - Sin expectativa de llegar a una orilla -

Aunque el vacío es una orilla -

La Palabra como diablo cojo - Diablo que grita como gallina abusada por un fantasma en el bosque -

B)
Descansen en paz los desgraciados de este mundo -
Miren las grietas de las paredes, como un manto quemado -
Al abrigo de los buitres, mi Carne derrama su bilis sobre las camas -

*El **Adiós** como pasión **débil*** - Pan de piedras rojas - Relám-
pago que abre mi corazón sobre un lienzo -

¿Cómo y qué respira la envidia? -

Debemos celebrar la puñalada sobre la mesa -
Ha comenzado la pesadilla de los dones -
La mirada de los ciegos sobre las cosas -

En la noche es donde repta lo impasible - La Carne marca el hueso - El viento ronda la cabeza del abandonado - Es en mi espalda donde las batallas construyen su cuarto -

Con la boca llena de palabras indefensas mi dolor rompe la ventana -

y se arroja -

Nombrar con pasión - Con deseo - Sensación de penetrar el árbol - Como si se entrara en él - Se saliera de él - Como sábana tensa atada a una cuerda - El remedio de los males es inocular la sangre de la Rosa - Abandonar el peso del cuerpo sobre una piedra -

Buscar en una miga de pan algún resto de Amor -

Lo que duele de los muertos es que pueden olvidarnos -
Juntan tierra en sus bocas - Escupen - Reptan - Dedos sin
uñas - Risotada de idiota sobre la lápida - Látigo que abre
el cielo - Piel como gallina mojada -

Quien pregunta por el muerto -
habita su límite -

Caminar con las moscas -
Ciego que gira lascivo -
Nadie grita sus crímenes -
Barrer la sangre hasta bajo la cama -
La crueldad cubre la tierra -
Alimenta el miedo -
La sombra baja la cabeza y nos baña en Silencio -

El Ojo no grita - El Ojo respira - Asfixia de Piel - Sol negro pegado a la ventana - La Tabla de la Ley queda partida - Sumergida en kerosene - Cuerpo baldío con humo en el cuello de las camisas -

Incansable manotazo de mi infancia -
dentro de un trozo de pan -
Soledad habituada a su espacio de urna -
Encallada en un rincón como un pez -

Morir en Buenos Aires - tomados por el espejismo - Domados - Apaciguados - Rendidos - Sin lugar real - Sin lugar posible - Frío en el borde de la cama - Silencio dentro de la boca -

El mago no devuelve la paloma al Aire -

Se recuesta el Dragón sobre los pechos de la doncella - Gracias a la luz de un taxi es fácil verlos -

Necesitamos morir para ser soñados -
La asfixia se desprende de una hoja -
Abrirme -
Devorar mis desechos -
Una hoguera en mi espalda -

Algo debemos perder para ser soñados -

¿Dónde cantar? - ¿Dónde descansar? - Un muro de Agua divide el cielo - Voz que se anuda - Temblor de labios antes de dormir - Algún miedo nos abanica -

Como soñados con mala leche por estar abandonados -

Unos chirridos de sombras me cuentan las costillas -
Quedo quieto - Subido a un soplo - Lluvia que se enreda
en mis sobras -

Despertar es soñar - Araña que te mueves en mi vientre -
Juras llevar la luna en tu veneno -

Amarga felicidad del milagro - Sentirme ínfimo - Doblar-
me - Cuerpo que traga - Azar que se bate a duelo en mi
espejo - Muerte empecinada en llevarse sus muertos sin
sus sombras -

El lugar que habitamos se tensa -
El azar prefiere no intervenir -

No es posible preservar por siempre el primer asombro - Ni
el primer golpe de dados en la mesa - Ni cuando por un
instante tuvimos piernas con forma de palo - La lluvia nos
llega con sonido de tambor - El herido ríe - El jardinero
abre el pecho del perro - Se expande desde ese pecho una
espesa miel -

Las pirañas son los zapatos de los amantes -
y de los sobrevivientes -

Vivir en el balanceo de la lengua -
El golpe de granizo sobre la cruz despierta al amante que se
retira como un mendigo por los tejados -
La amargura aguarda como los miedos -
con su riqueza inagotable -

Brazos con humo - Paisaje de zarza - Dolor que alambra el alma - El lago cede abundancia - La miseria cede abundancia - Es mensaje con color de sangre - Mariposa trabada en su propio vuelo - En su esqueleto - Fuego pegado en mi espalda -

El Amor queda como náufrago soldado a sus propios clavos -

La soledad sabe del ánimo de mi cadáver - Granos de arena en el plato - Envejece el fruto - Se licualiza la piedra - La presión abre mi cabeza - Me arranca costillas - Amanece - Soy cegado -

Cada cuerpo dibuja en su almohada la huella que dejará su cadáver -

El Silencio es la única cabeza que no está sostenida por un
cuello -

La Piel ambiciona estar quieta -
Mi boca se abre -
Queda un agujero -

Del tamaño de una infancia -

El diente muerde lluvia -
Sacude Carne -
La tarde rodea con su collar mi cintura -

Pez seco sobre la espuma - El perro alza la cola desafiando la tempestad - Es tiempo de arrimarse a los restos abandonados - Es tan bello el pie cuando atranca el culo de la araña - Cuando la obliga a abrir la boca y tragarse el desprecio del mundo -

Cascada de hollín en mis ojos - Noche donde reposa el resplandor - Siente la respiración forzada de la infancia - Las hormigas roen las sandalias de la víctima - Vivir me dibuja un puño tenso, con forma de nervio -

El abandonado como mirada perdida en un bar -

Sonrisa pegada a un gesto -

Como la humedad -

***Chorro de Agua contra la piedra* -**
Perfora -
Aprieta un rostro contra la arteria -
La atraviesa -

La cabeza se brota - Las manos se sacuden - Se ajan atadas
a las cortinas -

Infancia de espalda a mis fotos -
Sobrevivir se presenta como una flecha en el blanco equi-
vocado -

III. El Ojo se quiebra. Ver es perder

Tristes frías rosas en viejas casas - La muerte es un lugar
- Un paisaje - Un plato frío - Una araña fría - Agua conge-
lada golpeando mi vaso -

Un hilo de orina despertando a un pájaro -

La luz se tapa los ojos -
Juega a ser abismo dentro de un guante -
Como si un cuerpo fuera una habitación sin techo -

Huir abraza - Vigila - Golpea el vidrio - Despierta en una calle sin piso -
De la hiel nace la daga que marca un árbol -

Estoy convencido de que el humo gira -
Asfixia al Hombre en la justa medida de sus miserias -

El ombligo promete el centro - No la vida - Hoja que cubre mi lámpara - Risa viciosa - Embusteros recostados sobre espinas - La mano apaga la lámpara - El gato de arena se revuelca sobre finas brasas de lino -
La soledad en mitad de la tormenta, enciende el paisaje con sobras de cielo -

Mi infierno ciega - Mi corazón llega hasta donde habita lo que el Hombre no desea ver -

La boya tirita en el Agua -
Indica la muerte del Ángel -

Saltar hasta un sonido -
Cuerpo extraño - ¿No? - Duro - Frío - Dios angustiado - El
fuego suelta marejadas - Latidos de cielo y de tierra - Mi
Boca se abre - La miseria se expande - El cuerpo esquiva
una cicatriz - Se cava la piedra con el labio - Con el pie
acaricio mis lágrimas -

El musgo puede trepar la cama - En el baño se diluyen los espejos - Las manos llegaron hasta la lluvia -

La nube arranca su parte cada día - El ahogo susurra - En un paño roto, el pico partido del pájaro dibuja un torso con cenizas -

Ocupo el día viendo cómo la angustia esconde polillas en mis huellas -
Y en la lluvia -

Cuando la Piel no huele nos encogemos -
Comienza lo frágil -
Cuando el estruendo de la campana rompe el fruto se debilitan las piernas - El anillo brilla aún más - El gusano te vigila bajo la lona - El lobo se revuelve en la leche volcada - Se nos antoja ver la Luz encerrada en una botella - Tranquilos - Bajo la tierra también hay un cielo - Además no lo perdemos todo - Entre diente y diente queda, mal agarrado, un beso -

Pero queda -

Pudo decir que la amaba -
Pero calló -
Descubrió que el Amor es un idioma que vive de Ojo en
Ojo -

Muere de mano en mano -

Se ama hasta el preciso instante en que se rompe el espejo -
Cuando tu Amante se convierte en un viejo oído - Incluso
en un nuevo odio - En un fragmento de vaso roto - Silencio
que el Corazón barre y deja en un solar enmohecido -

El Amante ya no ama bajo la lluvia - Bajo el granizo - Bajo
el frío - Bajo la indiferencia - Comienza a jugar con la ser-
piente - Su lengua lame - Ensucia el lecho -

Amor se disuelve poco a poco dentro de un frasco -
Bajo la mesa -
Luego -
como final -
bajo un pie -

Pan abierto - Mojado sobre las baldosas - Una carta manchada con orín - Un minúsculo sol - El abandonado mira fijo el reloj - Baila sobre la granada - En sus cabellos el fuego gira - gira - Alumbra su cicatriz -

Verás en quienes te han amado las palabras que has perdido -

Abrir la cicatriz hasta que huela a hueso -
Hasta ver el color del hueso -

Mi infancia se mueve, alocada, bajo el pecho del monte -

Bebo la calle desierta -
En el túnel se anudan serpientes -

Tirar de la cola del lagarto es el secreto -
para ver la profundidad del cielo -

Un día - Otro día - Y otro día - La cicatriz mancha la pared
con un vaho de espuma -
El viento va detrás de una mínima Luz -

Es en el Ojo donde se disuelven los días -
Donde el abandono en verdad toma volumen -

En medio de un río seco, mi mano rasgada arroja
un hacha contra el espejo -
Mi soledad rica en fatiga -
Alma que se escabulle por la hendija del miedo -

Nadar hasta donde el pájaro tiene forma de labio - El hormiguero se cierra - Mi rodilla se pega al hormiguero - La carroña se envuelve en mantas - Hasta ser parte del hueso -

IV. El traje después del vuelo

Necesidad de besar - Tengo urgencia de levantar una ca-
beza hasta sentirla cortada - Porque mis monstruos viajan
en canoas pequeñas - Dejan caer sus pelos sobre el Agua en
que me baño -

Trepar - Trepar -
Carne recostada sobre una hoguera perdida en el bosque -
Así el labio arma un amor que acabará en pantano -

Sonidos dentro del miedo - Minúscula pata de gato en la almohada - Ridículo grito del enfermo en el pasillo -

Sangre de arena verde - La estrella gira - gira - gira - Hasta galopar sobre un techo -
La decrepitud de la Carne cambia el olor de la Piel y del Aire -

Algo que sea necesario y escurridizo -
Algo que no sea abandono -
Infancia -
Ni monte -
Sea brisa arrastrando polvo de ladrillo -
Una mano blanca escondida en la Luz -

Se secan los ojos - Las chapas se golpean unas a otras - Construyen un cántico - La brutalidad humedece la osamenta - El insecto engorda ante el espejo - Algo tan escurridizo y necesario - Cañas quebradas - Belleza como compleja construcción - Escondo mi Carne para compartirla - A solas -
Con las moscas -

Ver el dedo señalar el fruto -
Se disuelven nuestros ojos en cristal de frutos -
Vientre abierto lleno de pólvora -

Se ilumina el pájaro - Cambia su voz - Palpita lo atávico - La Carne escribe en la pared el viaje del alma hasta los charcos - El veneno con el mismo ropaje del Amor - El sueño cambia el color de la noche -

La espera del fin hace anillos con cuchillos de cera -

El frío me quema - Quema - Quema - Quema - Quema como mano indiferente sobre la cabeza del niño -

Si tengo todas las palabras no amo -
En los ojos de los otros -
encuentro las palabras que me faltan -

La fruta se deshace en goce - La Boca pierde su forma al to-
car el Agua - Juega con anillos de espaldas al viento - Tarde
de ahogados - Ahogados de soñar con otras ciudades -
Con otras bocas -

El Ángel bebe niebla - El mago esconde la mano - La asfixia
habla de escaleras que dan a las cenizas - El nervio muerde
Carne - Despierta - Se anuda con fuerza a lo que envejece
en vida -
De Piel en Piel rejuvenece el Adiós -

No es fe -
¿Estás dispuesto a tolerar la flojedad de la insuficiencia? -
¿A la vejez que se te acerca para torcerte el cuello? -

La caja se abre - Muestra los dientes a la luna - La Dama y
el Deambulador rompen ventanas - Bailan - Es el teatro de
los encadenados - Carnosa miel derramada en un trapo -
El techo cede - La pared se abre - El pez busca hacer crecer
sus párpados - Courbet busca pintar los ángeles que nunca
vio en su vida -

La mano continúa con su ambición de apretar lo que no
existe -

No es fe -
La fe es nuestro laberinto - Agria cocina - Es fuego que viaja lejos - Flor devorando tardes - Fuego ciego - Lo extraño gime - Adorar la asfixia - Que el óvulo fecunde la brisa - Cada animal busca su lluvia - El dolor seguirá con sus remos partidos hasta la redención -

La muerte deja de peinarse en el reflejo de mi cuchillo -

Orar para recuperar la terrible risa -
Fatiga -
Fatiga -
Nuestra fatiga -
Es posible tatuar en la espalda el peor de los abandonos -

Corro de un lado a otro - Ciego de Piel - Ciego de Agua -
Balbuceo como moribundo dentro de una pecera - Alum-
bro el paisaje desde una bóveda - Hay tierra en los ojos del
sabio - Como espalda recubierta con fango -

En la maleza el cuerpo entre hongos y hollín - El Silencio
recuesta su cabeza sobre un perro - Se disuelven en el Aire
un manojo de avispas -

La Luz sigue buscando descansar - Espectro sentado en tu mesa - Casas construidas con alambres - Mano dentro del oleaje - Ojos encerrados en tus ojos - Mantas sobre estrellas - Palabras que se ahuecan - Abrazada a la punta del mástil, la luna suelta su furia - El hielo mastica la seda - Y dentro del hielo, la Rosa herida - La brisa humedece el tallo cortado - El fuego pule el fruto -
En el centro de tu rostro un pájaro va detrás del viento - Y lo atrapa -

El rocío refresca la Piel - Las ratas se calientan junto a las flores - En los charcos el Crucificado se refleja hincado - Con baba - Susurra la vieja oración de la ofrenda - El cáliz se aja - Gotea lengua agria - El hueso se afina - Cambia de color - Se abre el huevo - El almíbar que cae cubre el lomo de la hiena - Poco a poco la voz bebe del espacio ausente - Y se asfixia -

Esa puerta que abrirás puede dar a una sala vacía - Fatiga de contar los días - El abandono de los días - Por las cañerías corre la bilis de los días - Gotas de brea que una a una cubren la sala - En el vacío, se asfixian los que no han cruzado la puerta - Se descorre el telón - Comienza el frío - En las terrazas los murciélagos se atragantan de lluvias -

V. La Palabra fatigada.
Cuando decir no alcanza

Me negaré tres veces a todo -
Viviré cerca de la vieja virgen arrodillada -
Cubierta de telarañas -
Como yo -

Nombrar - *Disolver* - Mísero charco a nuestros pies - Estirar el cuello hasta la rama más alta - En la calle el paraguas se cierra para refrescar las cabezas -

Miro el río - Miro al ahogado - Él abre grandes sus brazos - ¿Qué puede hacer él cuando cae la tarde y el cuerpo se cansa? -

Cuando uno se ha subido al árbol, debe patear la escalera - Quedarse arriba - Chupar la rama - Juntando mejilla con mejilla con los pájaros - Raspar las hojas contra la corteza - Compartir la corteza con el ángel - No temblar - Mover los brazos - Dejar que las piernas derramen espasmos - Buscar en la herida una sonrisa que no agonice -
Que no agobie -

Llegar a un lugar donde la hormiga te come el zapato - Llegar al lugar con la maleta sin fondo - Decir con los dientes - Decir con los codos raspados - Cansado - Cerrando los ojos - Con la fe atada a la cintura -

El propio suelo es hambre -
La tibieza es solo juego confuso -
Máscara sobre máscara -
Monstruosidad cubriendo monstruosidad -
Rostro que ignora las lágrimas -
Viajo hasta donde el veneno cumple todas sus promesas -

Hay zanjas bajo la tierra - Huellas bajo la tierra - Blasfe-
mias bajo la tierra - No sé - Zanjas que esconden Amor -
Esconden las yagas - Agregar que el rostro tomó la pasiva
actitud de la llovizna -

No preguntes nunca por nadie -

Puede estar dentro tuyo -

Estrangulado -

Andrajo de pan -
Hueco de humo -
Algunos juguetes se burlan de nosotros -
Las sombras lavan las ventanas -
Solo el Adiós y la muerte llegan a la cita sin perderse -
Por ello, es mejor abrir bien grande los brazos -
Si se trata de recibir la bala -

Esconder en el gallinero las cartas de Amor -
Armar un pozo hirviente -
Abrir la raíz -
Derramar su jugo -
Remover con el hocico las huellas -
Para no regresar al mismo amor -

Cada Silencio rodea tu abismo y el mío - Planta tus huellas
con Aire junto a tu cama - Ropa manchada con néctar -
Con plumas de buitres se arman los almohadones de los
enamorados -

La pared esconde dibujos - Signos -
La nube decide explotar -

No estás llorando -
Es la Rosa que se ha desplumado sobre tus ojos -

Todo lo que cae da contra la nube - Se rompe - *No tenemos la voluntad tenaz de las moscas* - El paladar se abre - Suelta lodo - El amanecer abre un Hueco donde pasa la nostalgia - Noche de sortilegios - Ruidos de latas - Comunión erótica de vuelo mudo - Masa de almas rodando en caminos y camas - Plumas con garras clavadas -
La avidez es la puerta de entrada del viajero -

El dedo apoyado en tu lengua da forma al labio -
Y al frío -

Abrigo de insecto - Mirada de arpa rota - Corazón recubierto con papel de caramelo - Algo se pega a mi pantorrilla - Tatúa - Algo hace nadar a un pez hacia atrás - Rosa encogida en un cuarto - Patadas de perro contra los postes - Cada rostro elige, sin saberlo, el color de sus cenizas - Piedra contra piedra es el juego - Rozándose - Rozándose con insistencia - Arena que llena la Boca -

La fe necesita del mercader y la injusticia -

El Crucificado entrega su manto chamuscado a los pies de
su madre -
Ella gira la cabeza -
Y lo ignora -

El poema se cansa de los poetas - Esconde su espejo - No quiere ser más hurgado - No quiere escuchar el crujir de uñas - No quiere más respiración forzada - Es rabia - Rabia - Rabia contra la luz que se esconde cuando el poema no respira -

Es en ese punto donde la sed se desploma -
Cuando el poema pierde su Luz -

VI. Entra quien quiera que seas. No hay redención

Girar -
Girar -
Nos encogemos -
Nos encogemos -
Nos apagamos -
Nos apagamos -
Nos encerramos -
Nos apagamos -

Girar -
Girar -
Girar -
Como mi Carne cuando toca lo indecible -
Y un rocío de murmullos me duerme -

Ya basta -
Entra quien quiera que seas -
Y no calles -
El hombre es el único animal salvaje que recuerda -
lo que ha muerto -

La Palabra es la que olvida -

ÍNDICE

Colección Lengua de Agua · 12

1.ª edición: abril de 2026

Dirección editorial: Héctor Escobar
Coordinador de la colección: Víktor Gómez
Consejo editorial: Jordi Doce, Javier Gil, Laura Giordani,
Yaiza Martínez, Olga Muñoz, Benito del Pliego
Ilustración y diseño de cubierta: Nathalie Bellón Hallu
Maquetación: Alberto R. Torices

ISBN: 979-13-87753-97-9
Depósito Legal: LE 171-2026

Impreso en España